漫画火车小百科
世界火车快乐行

赖怡君 著　米奇奇 绘

人民文学出版社
PEOPLE'S LITERATURE PUBLISHING HOUSE

未来火车会带我们去哪里？

这是本系列的第三本，前面两本，从最早的蒸汽火车，介绍到现今奔驰在世界各国的高速铁路。小读者一定会猜想，有了过去、现在，也应该谈谈“未来”吧！

的确，本书的内容谈到了部分火车的未来发展，但更确切的，应该说是它们未来发展的可能与趋势。我们在书中介绍了未来可能穿梭于星际间的星际电车，也谈到目前已经在运行中的磁浮列车，这都是走向新科技的火车。然而，除此之外，难以忽视的是搭乘火车的不同需求与趋势。

其实，从欧亚大陆的铁道普及以来，搭乘火车旅游，就广受欧洲贵族与商务人士的青睐。特别是横跨欧洲大陆的“东方快车”，更是在当时掀起风潮，甚至拍了电影。由于现代高速铁路能提供相较于飞机更便利、平稳的服务，而且无需繁复的手续，因而成为许多中短途游客的最佳选择，甚至取代了若干中短途的客机航班。

科学家的伟大，在于将许多想象通过实验证明，并进一步实践，帮助人类文明发展。拜科技所赐，不断发展中的火车，让人们得以享受更快速、舒适与安全的乘坐体验。在这个书系中，我们以火车作为前导，之后也将陆续推出生活中听过、看过，却不大容易了解的科普选题，并通过寓教于乐的漫画，以深入浅出的形态，叙述出选题中的科学知识。

大家都听过“需要乃发明之母”，这句话也说明了，为了人类文明发展的需要，新科技会深入人类生活的各个领域，带领人类走向更为人性的文明。冀望小读者通过一系列的生活科普漫画，认识默默支持、推进人类文明的科学，这将是我们最大的期盼。

文房文化副总编辑

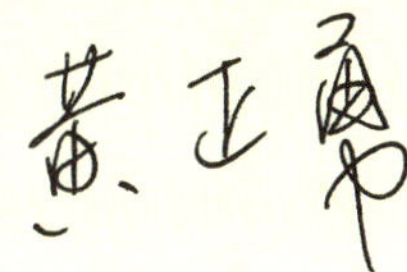

艾心博士

女，35 岁，170CM，美丽与聪明兼具的科学博士。

常穿白袍，足蹬高跟鞋。平常看似理性，但遇到可以探究科学知识的机会，就会着魔似的激动。她是艾咪的姑姑，也是艾咪每次跟霍华对抗时的求救对象。

艾咪

女，12 岁，145CM，35KG，小学六年级学生。

运动全才，虽然瘦小但臂力惊人。个性好强激不得，尤其不想输给从小到大的死对头同学霍华。

宝宝叽

性别年龄不详，球体直径约 30CM。外形超萌的邪恶外星人，来自里不里都星球。

外形圆润娇小，因此常被同伴嘲笑，立志要征服地球得到同伴的尊敬。艾咪用一根手指就能阻挡它前进。艾心博士一看到它就会像看到宠物般宠溺地揉它，完全不把它当成危险的敌人。

霍华

男，12 岁，155CM，45KG，小学六年级学生。

聪明机智，爱跟艾咪斗嘴，也爱耍花招引起同学注意，实则因为来自隔代教养家庭，父亲常出国，缺乏双亲关爱，所以特别想得到别人的关注。

目录

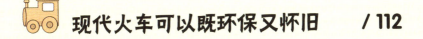

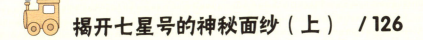

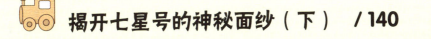

CK101

蒸汽火车是火车的始祖

回里不里都星，
接受刑罚吧！

刺
刺

小心啊！！！
噼
里
啪
啦
霍华！
没事，拿来对付宝宝叽的电流，对我来说不痛不痒……

很痛吧……
为什么要保护我？
泣……
这还用问吗？
因为你是我朋友！
朋友……我真的
是你的朋友……
够了，不要在我面前
演这种恶心的戏码！
砰
气

地球人就是这么蠢，被感情牵着走，科技才会远远落后我们……
那是你不了解地球人，才会说这种话！
飘
飘
哼！
他们很努力地想要改变生活，一点一点求进步……

矿工很费力地用
马车运送煤矿，
好不容易才想到发
明木头的轨道。
嘟
嘟
但他们也没有放弃
提升运煤的效率。
过了好几十年，纽科
门终于发明蒸汽机。

在这些前人的努力之下，史蒂芬孙才发明出第一列商用的蒸汽火车。
Locomotion
轰——
更不用说那些照顾蒸汽火车的司炉跟司机，要忍受多少
废气跟浓烟，但他们还是忠于职守地载客跟运货……
到了现代，为了提高效率，各国都致力于发展高速的火车，
有些建立全新的轨道，有些改变车辆的结构，终于把时速提高到好几百公里……

呵
呵
真慢！几百公里，比我们几百年前的日用飞行器还慢了十倍。
重点不是发展的速度，而是看到他们费尽心力，一点一点地进步，你不感动吗？
他们智商不高，却还这么努力，而且决不放弃！
他们原来是这样看我们的啊……
把我们当低等生物了。

够了！不管你帮地球人的理由是什么，背叛就是背叛！我这辈子最痛恨的就是叛徒！
唧
唧
你很快就会知道，背叛我的后果！
咻！
住手！
给我停下来！

停了！
咻！
?!
!
宝宝叽！你听得见
我说话吗？
宝宝叽！

哎呀！！！

这是假的，宝宝叽还在太空船上！

等等，这该不会就是宝宝叽最宝贝的娃娃吧？

它之前说过，总司令拿这娃娃威胁它，它才不得不听总司令的话……

泣——
我的宝宝奇！
喔 呵 呵
有张纸！
字还真丑。
“这就是背叛我的下扬……”
“下场”还写成“下扬”。

没想到，这家伙还是一点都没变。
嘻！
喔呵呵
难道，你认识那个总司令？
博士，你说这句话是什么意思？
？？？
唉，说起来，也算是过去的一段孽缘了……

十年前，宝 BB 来地球巡察，他一直很欣赏我，

喜欢！

喜欢！

喜欢！

觉得我是宇宙间美貌与智慧兼具的女神，

他还想找我去里不里都星，担任科技局局长……

想到这画面就有点不舒服。

那么残忍的家伙居然叫宝 BB。

姑姑，你为什么没答应？
我记得你说过，你最佩服里不里都星的高科技……
我不想占外星人的便宜，直接坐享他们的高科技，
我很希望可以凭着自己的力量，一步一步研发出比他们更先进的技术！
等等！这么说起来，总司令想侵略地球，该不会就是要报复你？
按照他小心眼的个性，有可能哦！
羞
姑姑，现在不是笑的时候吧！宝宝叽不知道会被他怎样……

啊？
对啊！不能再等了，我们一定要赶快去救宝宝叽！
可是，要去里不里都星没那么容易，要借到太空船，可能需要几个星期的时间……
到那个时候就来不及了！
我想到了！
姑姑你不是有个朋友有那个什么……太空飞车！
太空飞车？

蒸汽火车的环保与火车的演变

艾心博士小教室

蒸汽火车好美哦，你们看那个烟和呜呜的声音，真的好有感觉！

蒸汽火车是很怀旧，不过制造出来的污染怎么办呢？

以前是迫不得已，但现在为了怀旧而制造出污染，这是可以的吗？

你们提出了个好问题呢！环保部门已公告：具有文化资产价值的蒸汽火车，其特定运行免受责罚。因为蒸汽火车等近代文化资产及产业资产“动态保存”的特性，经指定或登记为文化资产者，可适度不受环保规定，以整体保存的形式来活化及再生文化价值。

那这样就能在特定的时段去观赏了呀，好棒哦！

咦？那现代的火车就不会制造污染了吗？

现代火车历经了蒸汽火车、柴油火车，到了近代的电气化火车。电气化火车的优点是不会像柴油火车和蒸汽火车那样产生废气，产生的噪声也较小。另外，电气化火车的起步及加速较快，可缩短列车运行时间、增加班次密度，也能提高总载运量。

目前台湾高铁、台北地铁、机场地铁、台中地铁及高雄地铁、高雄轻轨都可以算是电气化路线，只是供电的方式不太相同。而台铁除了部分支线外，也已全面电气化，减少了许多的污染。

而且现在各种火车都慢慢朝向更干净与节能的方向了，像上海、日本及德国的磁浮列车，废气只有柴油火车的四分之一；澳大利亚的太阳能火车、荷兰的风力发电火车及德国的氢动力火车都是零污染的火车呢。

尤其是澳大利亚的太阳能火车，可是由第二次世界大战后的“古董”翻新而成的哦！

有机会一定要去坐一次！

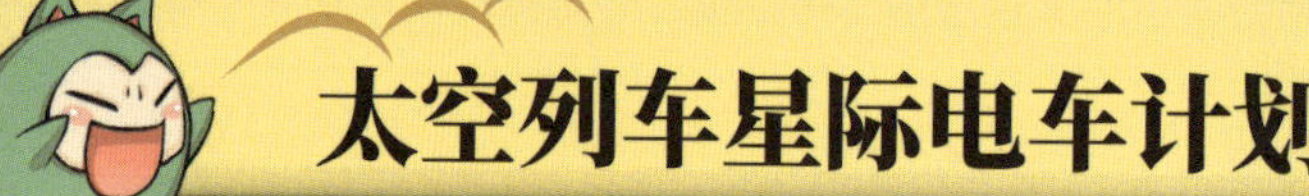

太空列车星际电车计划

你说的“太空飞车”，是詹姆斯·鲍威尔的星际电车计划吗？

星际电车就是建超长的真空管，把磁浮列车送入近地轨道？

好像是……

对……应该吧？

等等，这个计划现在……

砰！

博士，你认识詹姆斯·鲍威尔博士吗？

怎么了？

* 星际电车的原理是利用超导磁力悬浮技术将列车控制在轨道上，让列车在密封的管道中前进，预计 2032 年建造完成。

我们能不能现在就去他的实验室？
静
跟做梦一样！
你们搞错重点了吧，现在应该先去救宝宝叽……
太酷了！这是什么？

鲍威尔博士，
不好意思突然
来访。
嘻
别这么说，
随时欢迎你
们过来！
好长的管子！里面
的火车，真的可以
飞到外太空？
这是 1600 公里长
的真空磁浮管，靠
着超导电缆支撑，
理论上，发射
时速可以达到
3.2 万公里。
什么真空磁
浮超导……

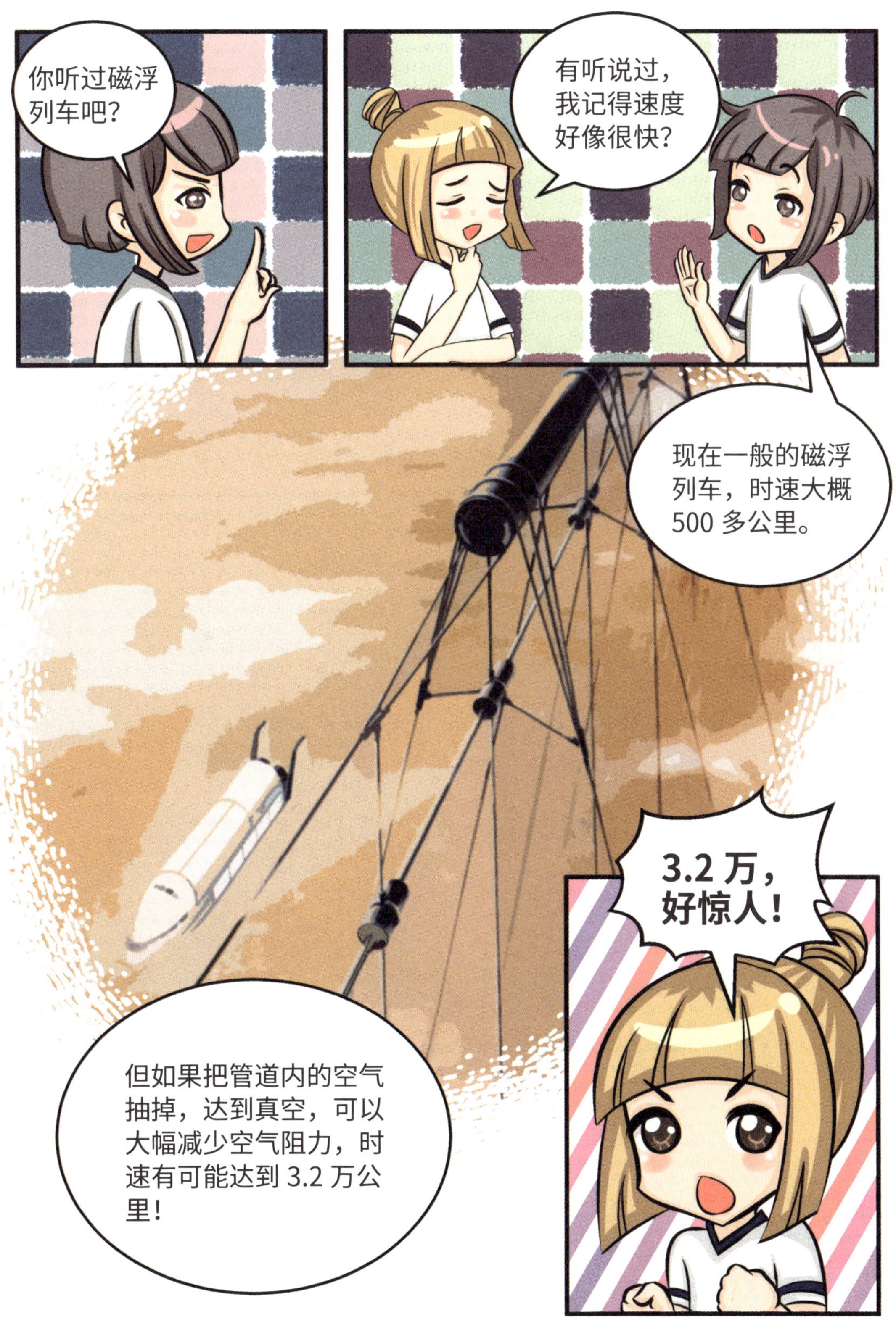
你听过磁浮
列车吧？
有听说过，
我记得速度
好像很快？
现在一般的磁浮
列车，时速大概
500 多公里。
但如果把管道内的空气
抽掉，达到真空，可以
大幅减少空气阻力，时
速有可能达到 3.2 万公
里！
3.2 万，
好惊人！

超导电缆主要是用来支撑这条真空管的。

这条真空管不只很长，最末端还离地20公里高！

这么高！只靠这几条绳子就能撑住？

因为这不是普通绳子，
它本身是具有超强纤维
结构的电缆，可以承受
极大的重量。
而且，这些电缆产生电流，
真空管内也有电流，两个电
流方向相反，可以产生电磁
效应，所以就能产生超强的
浮力来支撑管道！

你们都有过人的智慧！
未来要不要来参与我们
的星际电车计划？
鲍威尔博士，但我
刚刚说的这些，也
都只是“理论上”
可行，
事实上还有很多障
碍没办法克服，您
真的觉得，这个计
划能够成真吗？
你对博士
太失礼了！
没关系，我
想听听他怎
么说。
霍华！

首先，要产生 3 万多公里的时速，不只磁浮跟真空技术这么简单，
它需要非常大量的动能，大约是 10 亿瓦，也就是 5 万台风力涡轮机才能产生的动能。
飒
还有，要将真空管抬起，需要 20 亿安培的电流！
更不用说，要让管内达到真空这件事，需要多么高效能的电磁泵！
是啊，年轻人，你说得都没错。

啊，所以说了半天，这个计划根本不可能实现？
但不可否认的是这些技术都已经存在，只是，还需要发展到更大的规模，才能产生更大的效能！
可是……这需要巨额的费用！好几十亿！
要从哪里找来这么多经费？而且，你也无法保证真的能够实现那么大规模的技术。
科学的发展如果精算金额，一直想着可能没办法实现，人类就永远不会进步！

蒸汽火车的发明、手机电脑的发明，在真正问世以前，所有人都觉得是天方夜谭，不是吗？
没错！

大家都说科学家很理性，其实科学家是很浪漫的，怀抱着这些像在科幻小说里才会出现的梦想，用理论来支撑，没日没夜地研究，

从来都不考虑失败的可能，赔上青春跟家产，就只希望看到梦想成真的那一天！

没错。博士，我期待看到星际电车启航的那一天！

我也是！

博士，我想跟你道歉……
你很喜欢火车吧，才会对火车这么了解。
摸
摸
我们预计二十年后运行，
到时候，要带着你的火车研究来参加我们的启航仪式哦！
嗯！

嗯，真的，不仅见识到科学最新的发展，还体会到科学家伟大的精神！

我承认我真的学到很多，但是，你们是不是忘记什么很重要的事了？

真是上了很棒的一堂课呢！

咻！
宝宝叽！
我不是一开始就说不应该去星际电车实验室嘛，星际电车根本就还不能飞啊……

此时太空船内
吸
呜……这真是最痛苦的惩罚！
哭
最遥远的距离就是——珍珠奶茶近在眼前，可是一口也喝不到！
哭

比磁浮列车更快的星际电车

姑姑，讲了这么多，星际电车到底是什么啊？

星际电车简单来说就是用磁浮原理的太空发射系统，目前还在研发阶段。它利用真空管和超导电缆将磁浮列车送入低地球轨道，出口需高出海平面约 20 公里。另外，在实验室里要叫我艾心博士！

呵呵——艾心博士，知道了！那星际电车跟磁浮列车有什么不一样吗？

博士之前说过磁浮列车是利用磁力使火车悬浮于轨道之上，几乎没有摩擦力，博士在说你有没有在听啦！（请参阅第二本《现代铁道大发现》第 64、65 页）

霍华说得很好，星际电车比磁浮列车更厉害的是，它利用真空管道，连空气阻力都可以降到最低，能达到理论上 3.2 万公里的最高时速。当然，为了让乘客安全达到这一速度，星际电车系统需要建造大量轨道，同时需要采取措施防止极超音速列车被周围的空气撕成碎片。任何一个高速移动的物体，最大的敌人就是空气阻力，随着物体速度越快，需克服的阻力也越大。当车辆行驶两倍的速度，就要克服四倍的空气阻力，因此需输入八倍的功率。所以降低空气阻力，速度可以达到倍速的成长。

所以我在真空中可以跑得更快啰？

你在真空里不能呼吸，要怎么跑步啊？

穿太空衣啊！

太空衣这么笨重怎么跑得快？

在真空里移动是几乎没有空气阻力的，但跑步需要脚踩地，利用摩擦力来产生动能，而摩擦力又是另一种空气阻力，所以在真空中跑步效率虽然不会太高，但因为没有阻力，是可以移动得更快的哦！

1966年的火车界发生了什么事

宝宝叽被总司令抓走后，
过了三天……

有没有宝宝叽的消息？
我们刚试着要拦截里不里都星的卫星信号和监视器画面……
可是都被防火墙挡住了。

喔呵呵
笨蛋地球人，别想动歪脑筋！

不是，我刚发消息给它啦！

……

你在想什么啦？它都被抓了怎么回你消息啊？

谁说的，它就回了啊！

怎么可能……
宝宝叽你还好吗？
1966
啊，1966？这是什么意思？
1966 应该是年份吧？
难道……宝宝叽回到 1966 年了？
不可能，总司令怎么还会让宝宝叽用手机？这一定是总司令故意乱回，想误导我们。

每次我说什么你都不信，这一定是宝宝叽给我们的暗号！

1966 年是不是发生什么重要的事情……

拜托，怎么连你也信？

学长，我觉得你不会拒绝我的！

我有种不好的预感……

CK101

这一列，你应该不陌生吧！

限量101组，
1:22.5，全车金属打造，有超过400个零件。
什么？
你居然有台铁CK101客货两用蒸汽火车模型！
驾驶室里还有可站立的司机和司炉人偶，模拟驾驶和投煤情景。
CK101
CK101
而且有喷烟、音效、调速等功能。

CK101
更重要的是，有四面镀金的“CK101”车牌！
艾心，我真的很想帮你，
嘶——
可是我们自己现在也急需使用太空船，真的不能外借，抱歉。
唉，失败了。
哈
真是没想到，拿经典模型来利诱也没有用，哦哈哈哈……
博士，现在不是笑的时候，我们还是赶快研究宝宝叽给的暗号吧！

够了没？

不要再做没用的事，浪费抢救的时间。

……

霍华，不是只有你一个人想救宝宝叽，艾咪也是用她的方法在努力！

我没办法借太空船，
也拦截不到里不里都
星的信号！
自责不已
只知道去请我爸爸帮
忙，可是一点用也没
有。已经这么多天，
宝宝叽不知道被折磨
成什么样……

我知道你很担心
宝宝叽，但现在
不是说丧气话的
时候……
但我们现在真的
什么都做不了！

谁说什么都
做不了？
嘿！

研究火车的科学家，绝对不会坐以待毙、轻言放弃！
博士一定又要说那个故事了……
1950、1960年代的汽车大爆发和火车大萧条。
那个时候，欧美汽车工业蓬勃发展，人们都向往拉风的自用汽车，越来越没有人想搭火车。
很多人以为，火车就要没落了，但是，爱好火车的科学家们从来没有放弃过火车。

当时，美国人设计了模仿汽车外观的火车，以为可以吸引乘客。
到底哪来的想法？
没错，外表像汽车是没有用的，而且，维护上还很困难。
他们把喷射引擎装在火车上，在美国印第安纳州和俄亥俄州间的笔直铁轨上试跑。
后来，1966 年，美国铁路面临来自飞机的竞争，干脆设计出跟飞机一样的火车！
哇！这听起来倒是很酷嘛！

这个我知道，这列车别名“黑甲虫”，最高速度可达每小时 296 公里，
虽然在当时引起讨论，可是，
要在七弯八拐的普通铁轨上跑喷射引擎火车太不实际，而且油料也耗得太凶，最后这个计划还是取消了。
就是这样！
你还会见风使舵，刚才不是还说黑甲虫很酷？
我不是在说黑甲虫。你回想一下，刚刚博士说，这列火车是哪一年发明的？

不过，在1966那一年，火车界的大事不只一件，

法国同时发明了气垫火车，原理跟现在的磁浮列车很接近，时速可达 430.4 公里。

啊？那一年发生这么多的事情，宝宝叽的暗号到底是什么意思？

可恶，我不信我想不出来！

所以，你终于承认 1966 是个暗号，对不对？
少啰唆！

痛痛痛！
咚！咚！咚！

什么东西？
头昏眼花
宝宝叽！

台铁 CK101 蒸汽火车

博士，你说你有台铁 CK101 蒸汽火车模型，快拿出来给我们看看！

哈哈，被你们听到啰，在看模型之前，先来了解一下台铁CK101蒸汽火车为何这么独特。

当时在（日本）大正年间，为替代旧型饱合式蒸汽火车，于是，CK100型以CK50型改良型的名义引进台湾。其中1917年抵达的第一部400号，就是今日闻名的主角CK101。

有趣的是，保存在台湾的每一款日制蒸汽火车，日本国铁都可以找到同型的车型。唯独CK100型，在日本没有同型车。因为它只是发展时期的过客，根本没有量产，这也正是它的独特之处。所以后来CK101复活行驶，造成日本大轰动，因为即使在日本这样动态保存蒸汽火车、众车云集的国家，也找不到这型火车。

这个我知道，当年铁路电气化，蒸汽火车全面停驶。不过，后来铁道文化保护意识抬头，台铁决心振兴铁道文化。

没错，在台湾铁路创建 110 年的庆祝活动中，CK100 型的 CK101，也因为 100 强烈的数字意义中选，并于台北机厂内举行点火仪式，场面浩大，吸引无数媒体到场。

你们看，车头和车身有镀金的“CK101”车牌啊！

连模型都可以冒烟，真是完全展现出蒸汽火车的特色，感动得我眼泪都快流下来了……

喂，你们有没有在听我说话啊！

哇啊……博士发怒啦！

宝宝叽！听得到我说话吗？
宝宝叽，你醒醒啊！
宝宝叽怎么回来了？是不是总司令心软了？
不可能，宝宝叽一定是拼了命，才逃出总司令的魔掌。

宝宝叽，要是我们早点去救你，就不会发生这种事了！
泣

!!
咦……

醒了！

砰！

你是谁？

啊！宝宝叽，你在开玩笑吗？学韩剧搞失忆吗？

你不要过来！我身上有武器！

我身上有武器！

1966……
宝宝叽，你发给我们“1966”，你还记得吗？
它的反应这么激烈，
1966 一定跟恢复记忆的关键有关！
1966！美国喷射引擎黑甲虫！
乱！
乱！
法国气垫列车！
乱！
反应也太复杂了吧。
它现在很虚弱，先让它休息吧。

火车！火车
在哪里？
它对火车还有
记忆！
宝宝叽，你想看
什么火车？
说不定我们带它
去看火车，它就
会想起来了！
火车……厉害
的火车。
厉害的火车……那
就看磁浮列车吧！

磁浮真的这么厉害吗？
你刚说，气垫列车跟磁浮列车原理很接近，到底是什么原理……
你脑袋真的很不灵光，举一反三懂不懂！
上次去找鲍威尔博士的时候，强尼不是就说过了？
减少空气阻力就可以加快速度，磁浮是靠磁力浮在空中，气垫列车就是靠空气。
就是说啊！你很奇怪啊，为什么我每说一句，你就要呛我一句？
好了啦，艾咪本来就对这些物理原理不熟啊！
哼！

这还不是
因为……

没事！大家早点
睡觉，明天还要
去看磁浮列车！

磁浮列车……

飞～
很过瘾吧，从上空体验上海磁浮列车的速度感，这可是431 公里的时速！
呜哇……
大家抓紧！

宝宝叽！
呯

博士！
太危险了！
我们还是赶快
回到地面吧！

……

痛！
没事吧？
嗯，要选哪一个呢？

博士你在说什么啊？
咳，我是说，
高速磁浮技术跟高速轮轨技术，到底选哪一个好呢？
啊？

磁浮列车可以悬浮在轨道上，

所以几乎不需要使用到车轮。

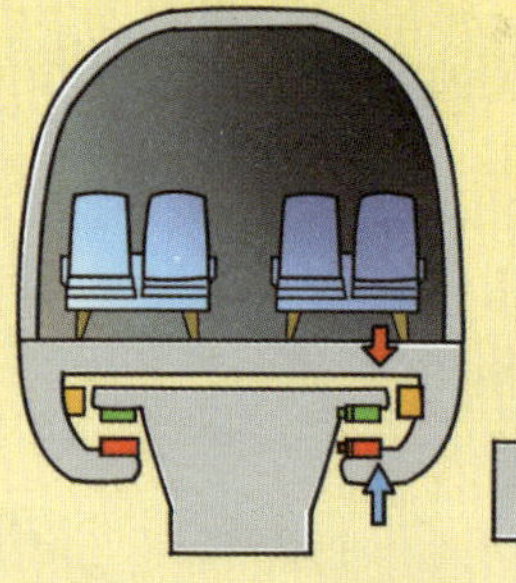

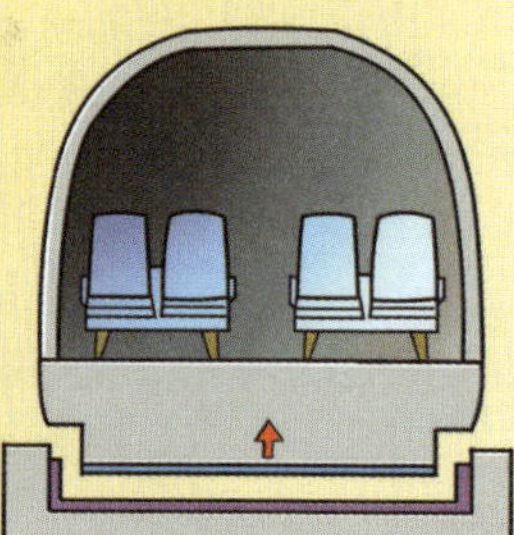

磁浮原理

但是，绝大多数的国家发展高速磁浮的技术后，都还没有真正使用在商业上，
仍旧采用过往的轮轨型列车。而创始国德国的柏林磁浮，也早就已经停运！
锵
锵
哦！马上分成磁浮派跟轮轨派了！

比较项目	磁浮	轮轨
速度	快 胜	略逊
噪声	几乎没有 胜	大声
废气排放量	几乎是零 胜	仍有

现在轮轨列车的试验时速已经突破 574.8 公里，
营运时速也能够突破 350 公里，跟磁浮列车差不了多少！
咦，怎么会这样？
这是因为……
高速运行物体的空气阻力是速度的二次方，能耗是速度的三次方，
当时速达到 300 公里以上时，运行物体所受的阻力 90% 是空气阻力。

磁浮列车虽然没有机械阻力，但是并不能消除空气阻力，
而且还需要磁力将列车浮起来，
这些都要消耗大量能量，速度就会有极限！
宝宝叽，物理的知识你倒是没有忘记嘛！
我……不知道为什么会说出这些。
另外，强尼的致命伤……
哦，不对，是磁浮列车的致命伤就是——太花钱了！
……
啊，磁浮列车到底要花多少钱？

以上海磁浮列车来说，线路全长 30 公里，
设计投资的费用就高达 100 亿元人民币！
天哪，这可以买多少杯珍珠奶茶？

1,371,428,571 杯！
哎呀，分心失败了！

这到底是怎么回事？宝宝叽为什么又想破坏火车？
宝宝叽，你在做什么！
吧
嗒

铁道的明日之星——磁浮列车

轮轨列车才叫作火车！

磁浮列车才是未来趋势！

你们别吵啦！

呵呵，你们这样比较，就好像把爸爸拿来跟儿子比较一样。相较于传统轮轨列车，磁浮列车的原理晚了一百多年才被提出，直到 1984 年才真正使用在商业上。目前世界上第一条投入商业运营的高速（时速大于 250 公里）磁浮列车，是上海磁浮线。

对嘛，磁浮列车现在根本还上不了台面！

霍华这样说就不对了哦，目前世界各国都积极地在规划磁浮系统。除了高速磁浮列车，中低速（时速约 100 公里）磁浮列车在中国大陆、日本、韩国皆已开始投入商业营运。而相较于轮轨列车，磁浮列车安全性更高、运行噪声更低、爬坡能力更强、转弯半径更小，在路线选择上更灵活，技术成熟后，建设成本也会更低。所以说，磁浮必定是未来趋势，而且已经在实行中了。

那你们知道磁浮列车是怎么运作的吗？

不就是用磁铁相斥的原理吗？

我知道！是利用电磁铁，当电流通过金属线圈时，产生磁力吸引钢板，使车辆被向上抬举。

霍华说的是丁字形导轨，在车辆的下部内翻面上装有磁力强大的电磁铁，导轨底部设有钢板。钢板在上，电磁铁在下。另一种是U形的，采用相斥磁力使车辆浮起。当列车向前时，轨道内的线圈中感应出电流而变成电磁铁，与车辆下的磁铁产生相斥的磁力，把车辆向上推离轨道。

霍华你不是说轮轨列车才叫作火车吗……

好啦，其实我也很喜欢磁浮列车。

某人原本不是这么说的……

宝宝叽是不是被总司令威胁，

所以才又开始破坏火车？

你根本就什么都不懂，宝宝叽不是这种人！

它是真心喜欢火车，真的把我们当朋友！

砰

没用的家伙！

晕

晕

连破坏火车这种小事都做不到！

抓
就是你搞的鬼！你对宝宝叽做了什么？
哇！
是你们咎由自取！
喔呵呵
谁叫你们要说出 1966 这 个关键词……
数天前
你在地球上的记忆马上就要被我消除了，
呜呜呜……
抖
抖
晃
只要你回到地球，听到 1966 这个关键词，
就会自动启动破坏火车模式！哇哈哈哈……

想知道为什么吗?
我太了解艾心了,她到现在一定还是常把 1966 的故事挂在嘴上!
她一定会在你面前说出 1966!哇哈哈!

宝宝叽你还好吗?
1966

1966
你真是帮了大忙,
到时候,他们一定会马上说出 1966 这个关键词!

太过分了！
捏
捏

艾咪！使出你的杀球绝招吧！

呸！
呸！
呸！

恶心！

没料到吧！
哈
哈
好幼稚的逃脱术。

醒来！
1966！

进行 B 计划！
破坏超级高铁！
不要……
1966！
是！

超级高铁，地球上最快的火车，
比民航机还快两倍的理想，很快就要消失了，哇哈哈哈！
吧嗒

轰！

超回路列车的测试基地，就在内华达沙漠！

要先联络他们，请他们提前做好防备！

不行！他们会伤害宝宝叽！

霍华，你现在要理性一点，
这个宝宝叽已经不是你认识的宝宝叽了。
你看不出来吗？
宝宝叽就算被总司令洗脑，
它内心还是很痛苦挣扎，刚刚才会对总司令说出不要。
对……我们不能伤害它，可是，又要怎么保住超级高铁呢？
我有一个方法……
砰！

报告总司令，
这就是超级高
铁的真空钢管。
列车将能够以
1200 公 里 的
时速，
在真空管道里
快速奔驰，达
到比飞机还快
两倍的速度！
奇怪！
甩
甩
为什么我心
里有一种莫
名的激动？

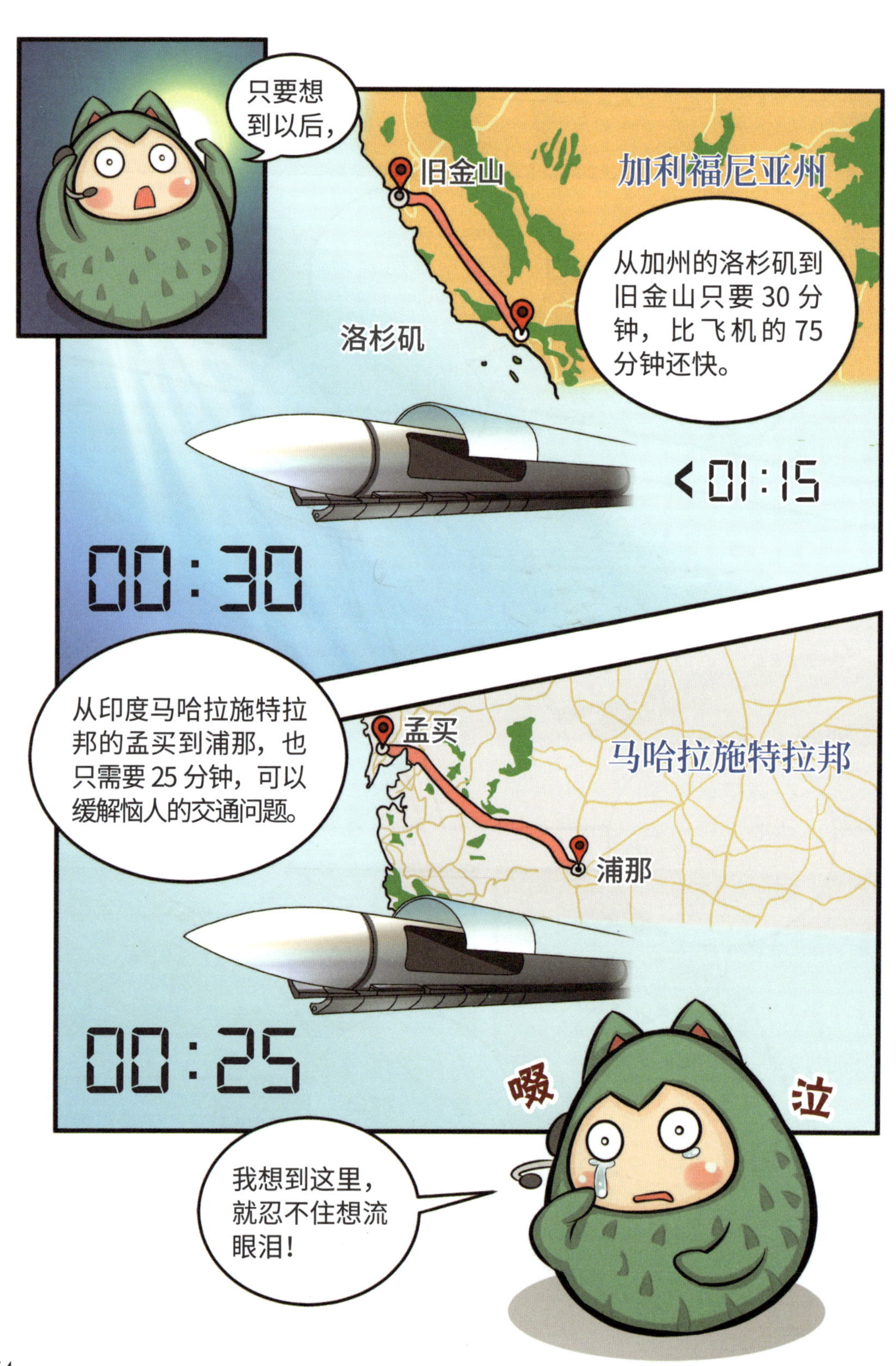
只要想
到以后，
旧金山
加利福尼亚州
洛杉矶
从加州的洛杉矶到
旧金山只要 30 分
钟，比飞机的 75
分钟还快。
<01:15
00:30
从印度马哈拉施特拉
邦的孟买到浦那，也
只需要 25 分钟，可以
缓解恼人的交通问题。
孟买
马哈拉施特拉邦
浦那
00:25
啜
泣
我想到这里，
就忍不住想流
眼泪！

宝宝叽，这就是你还喜爱火车的证据！
宝宝叽！快点行动！
不！我没有！
如果要破坏超级高铁，那就先对付我吧！
……
宝宝叽！快进行破坏！
哔！

哔！

轰

什么温情攻势都不会有效的，

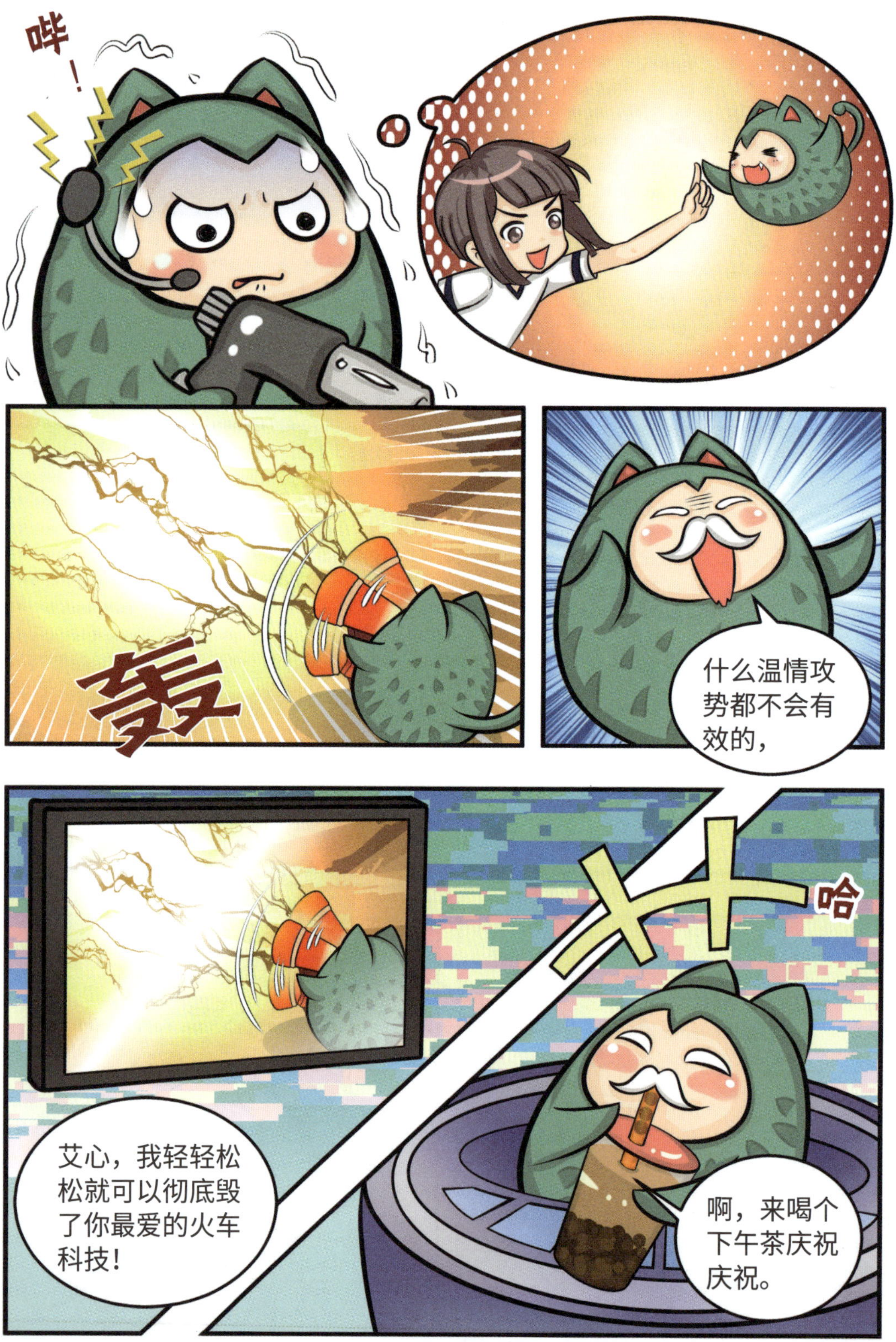

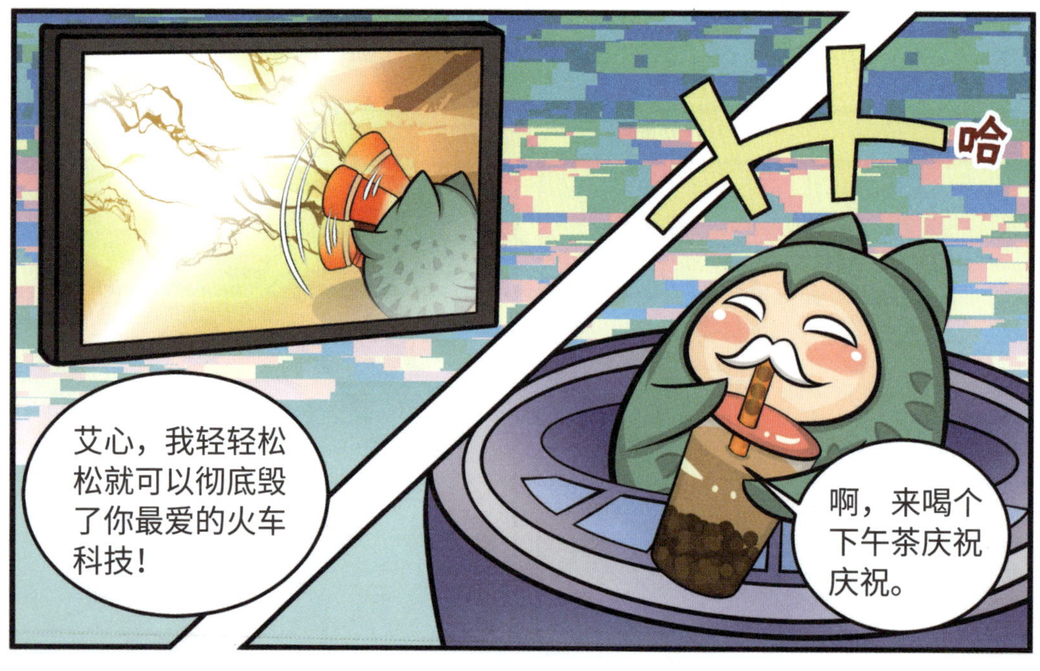

艾心，我轻轻松松就可以彻底毁了你最爱的火车科技！
哈
啊，来喝个下午茶庆祝庆祝。

大家辛苦了！戏演完了，收工！

好！

好！

对啊！博士紧急联络超回路列车公司，请他们把最新研发的设备藏起来，放模型来伪装！

你刚刚说，这些都是假的？

你们……你们
为什么要告诉
我？难道不怕
我再搞破坏？
就算被洗脑，你
内心还是深藏着
对火车的爱，根
本就破坏不了！

你们……居
然还这么相
信我……

这让我
想到，
以前你也演了
一场地铁假放
火，来哄骗总
司令！

我……我想
不起来……
没关系！

我们会帮
助你想起
来的！

哈
哈

未来还很难说，到现在，
还有很多人唱衰超级高铁，但是，科学家们放弃了吗？
虽然隧道抽成真空很难做到，
而且就算做到真空，还要考虑乘客的供氧问题。
乘客进出需要两道门来调整压力，调整过程又需要比较长的时间，
虽然超级高铁还有很多很难克服的问题，但是，我相信有一天一定可以解决！

1966 年正式通车的 DR2700 光华号

1966 年火车的大事件还真不少啊，除了美国喷射引擎列车 M-497 “黑甲虫” ……

还有法国的气垫列车！

干嘛抢我话啦！

哼！我懂得比你多！

1966 年，台湾也有一个轰动火车界的大消息，你们知道是什么吗？

不知道呢。

那就是光华号的正式通车。在自强号之前，光华号可是最快速的车种，从台北到高雄仅需四个多小时。

我知道！光华号是在铁路电气化之前，台湾最快速的陆上交通工具。而且当时车上还有快车小姐，负责在列车上发放毛巾、茶水、便当、报纸、杂志给旅客，有点类似空姐的工作呢！

是那个因为全车采用不锈钢且无涂装，而被戏称为“白铁仔”的 DR2700 光华号吗？

艾咪也越懂越多了哦。

我才不会每次都让你们专美于前呢！

自强号在 1979 年西部干线电气化完工后通车，在 1981 年和 DR2700 于头前溪发生事故后，DR2700 前端均涂上警示色，也就是目前的黄色。引进自强号后，光华号这名字也跟着最快速列车的称号一起走入历史了，最终只有花东线还在运行。不过，一直到 2014 年，“白铁仔”才真正退役。48 年的岁月，对火车来说可是相当长久，所以大家一定要好好地尊敬这列具有时代意义的列车哦。

之前光华号复驶了，而且是与自行车连线成为“双铁”之旅。

台铁为了让这列古董级光华号再度登场，花费了许多人力、时间，甚至不惜拆下其他列车的零件，就是为了让光华号再度平稳行驶。

那我们下次也来安排一趟“双铁”之旅吧！

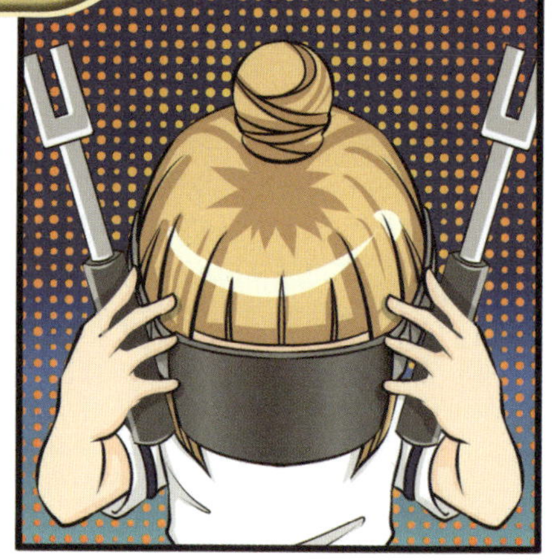

怎么样宝宝叽？
有没有想起来什么？
哔唧！
哔唧！
没有用？那
只好使出绝
招啰！
啪
砰

糟糕！是不是太大力了？

艾咪，这样撞击真的可以恢复记忆吗？

我们应该要想一想，
什么事情会让它印象很深刻，让它情绪特别激动！
说不定再遇到一次同样的事，就可以唤醒它的记忆！
我想到了！
飘
飘
它看到地铁通电用的第三轨，就超级满足的！

它把各国的高铁都变成人，
结果自己搞不清楚谁是谁！
现在不是回味趣事的时候……
我也太傻了吧！

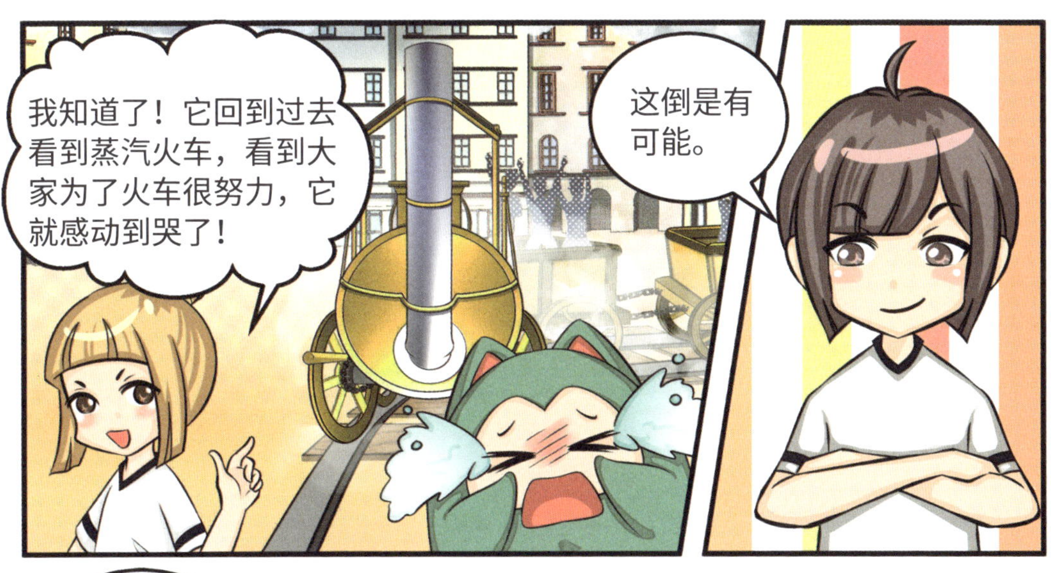
我知道了！它回到过去看到蒸汽火车，看到大家为了火车很努力，它就感动到哭了！
这倒是有可能。

好，我们赶快用时空手表回到过去……
不行！

!

宝宝叽状况不稳定，万一它控制不了自己，
毁灭蒸汽火车，改变了历史，那就无法挽回了！

博士，拜托……
大不了我们再回去改变它改变的历史嘛！
你撒娇还真是让人不舒服……

你说什么?

我是说，宝宝叽是看到司机跟司炉奋力地工作，才感动到落泪。
让它恢复记忆的关键不是过去的火车，应该是人才对……

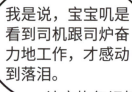

所以，搭现代的蒸汽火车，看到司炉跟司机也行！
没错！
这么说起来，
可以带宝宝叽去搭阿里山的蒸汽小火车！
不行！
……
……
……
我的意思是说，
现在阿里山小火车只有在 3 月中到 4 月中的樱花季和复驶日 12 月 25 日才会吐蒸汽，
12月
25
4月
3月
23
跟宝宝叽当时看到的不一样，它看了，不一定有用……

我怎么觉得……
霍华好像有什么秘
密……头好痛……

欸，之前不是说
要一起去搭阿里
山小火车？

真麻烦，先看
模型你喜不喜
欢再说吧！

什么意思，所
以到底是要去
还是不要去？

而且，最近这些蒸汽火车还碰到很多阻挠……

呜

呜

23

650 号列车，燃煤造成的空气污染，
已经违反了《空气污染防制法》！
嘉义县的 650 号蒸汽火车头，因为被检举污染空气，只行驶了一天就停驶了！
也太惨了。
不过，是有一条法律条款可以解围。

因为现在的蒸汽火车不是天天行驶，根据《空气污染防制法》第 78 条，
在特殊情况下，只要事先申请许可，就可以免受处罚。
第78条
公私场所从事下列行为前，已向当地主管机关申请并经审查核可者，免依本法处罚：
一、消防演练。
二、为紧急防止传染病扩散而燃烧受感染之动植物。
三、其他经主管机关公告之行为。
但台铁每次申请，环保局都要当成个案来审核，对台铁来说压力也很大。
没错，复古跟环保，是两难的议题。

有那么难吗？
那些民众检举空气污染，
是不是只要不冒烟，就不会被抗议了？
不冒烟的蒸汽火车，还算是蒸汽火车吗？
有人建议加装滤烟器，
但这样就失去蒸汽火车的特点了。
蒸汽火车是很重要的文化遗产，如果没有办法跟过往一样地运作，就不是活的遗产了。

一定要设法达成共识，在不造成污染的情况下，
让蒸汽火车正常运转，这样才能让文化遗产永续存活！
没错！

我感觉你的记忆好像一点一点被我们唤醒了！
不知道，眼泪自己跑出来了。

宝宝叽，你是不是又被感动啦？

不知道为什么，
我觉得阿里山小
火车对我来说，

好像有特别的意
义，我们可以去
坐小火车试试看
吗？说不定我可
以想起什么。

嗯，如果可以帮
你恢复记忆，我
们应该试试看。

隔天，大家来到
阿里山小火车车站。

我们终于
来了！

宝宝叽，你看到
蒸汽火车，有没
有想起什么……
他们人呢？

高铁和飞机到底哪个快？

艾心博士，现在高铁的速度越来越快，到时候会不会取代飞机呢？

如今高铁已经越来越便利，也越来越舒适，但在速度上，离飞机还是有一段距离。普遍来说，高铁目前时速限制在300公里左右，而飞机的时速在800公里到1000公里。

所以还是坐飞机比较快啰？

也不能这么说，因为飞机的候机时间较久，也需要提早一个多小时到机场安检及托运行李；而高铁不但手续较简便，也较平稳舒适，所以，在四小时内的旅程，更多人会选择舒适的高铁。

以长途旅程来说，多数人还是会选择坐飞机，但中短途的旅程，目前则是高铁占有优势。

不愧是常旅行的强尼，在这方面很有经验呢。就台湾岛上来说，大家最常搭乘的长距离行程——台北到高雄，也不过 300 多公里，在这距离之内，高铁是占有绝对优势的。

可能是因为高铁票价比较便宜，也更为稳定吧，而且高铁还可以全程使用手机，飞机则不行。

没错！所以未来若是磁浮列车普及化，或是高铁速度逼近飞机速度的时候，选择坐飞机的人就会越来越少了，尤其是现在铁路的技术越来越先进，磁浮列车、海底列车，甚至是星际电车，都不再是遥不可及的梦想了！

对啊，甚至还有跨越英吉利海峡连结英法的欧洲之星。现在中国大陆都可以直接搭中欧班列到英国了！

与海运相比，中欧班列的时间节省近一个月，费用更是只有飞机的 20% 左右，在时间和成本上明显占有优势。

想到火车的未来真是令人振奋，哈哈！

世界上最环保的火车
呜——
车都开了，他们怎么没上车？
嗯……
宝宝叽该不会是故意的？
……
?
咦！

你们赶快把
我绑起来！
不然，我没
有办法控制
想破坏火车
的冲动！
演技也太夸
张了吧。
你看那里
有外星人！
你是故意把我
们拦住的吗？
…
我……
别转移话题，你
就是外星人啊！

……
有一件事情我觉得很奇怪，我想问你……
她要问什么？
一般火车会不会污染空气呀？
居然是问这个。

嗒
嗒

现在不是铁路电气化吗？这样还会有空气污染的问题吗？

你真的不知道吗？现在并不是所有的铁路都已经电气化……
你不怎么去台南跟台东对不对？

南回铁路还是用柴油车，所以仍然会产生废气。

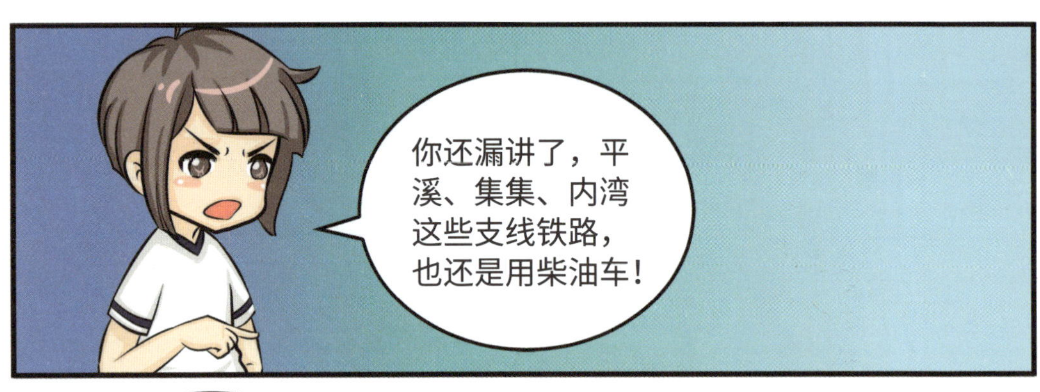

你漏了很重要的一种！多环芳香烃化合物！

呼

有必要为了污染的话题，这么针锋相对吗？

艾咪，那你知道最环保的火车是什么吗？

嗯，不就是电气化的火车吗？

其实，

现在发展中最环保的，是德国的氢铁！

你说错了，是法国阿尔斯通公司打造，

再输出给德国的氢铁。

总之，我们去看看氢铁的发展吧！

咦，其他人怎么没来？

嗯……他们好像突然都拉肚子。

你们还真是配合演出，

让强尼跟艾咪独处。

霍华，你真的不在意吗？
不在意！
宝宝叽，那你呢？
现在最重要的还是恢复你的记忆……
我觉得，记忆恢复不恢复都没关系了！
反正不管怎么样，总司令迟早会找来，我是躲不掉了。

原来氢铁长这样！
不过，看起来好像跟一般火车差不多？
氢铁跟一般火车不一样的地方，
其实是在它内部的燃料槽跟电池。

?

电池跟燃
料槽在哪
里啊？

你怎么了？
没事没事。
天哪，居然以
为在那里，也
太可爱了吧？

嗯，那为什么氢铁是最环保的火车？

那是因为，

氢燃料与氧气混合燃烧，只会产生水，

不会产生任何废气，所以才可以达到零污染的目标。

H_2 H_2 O_2 H_2O H_2O

原来如此，这样想起来，

$H_2 + O_2$

如果氢铁变成人，他一定是很温和的家伙，
绝对不会伤害任何人，就像你一样！

你就不会笑我。
要是霍华一起来，他一定又会笑我无知。

嗯……等一下，
你的意思是说我是个好人吗？
嗯，当然是啊！

好人
发！
啊，被发好人卡了……

使用氢能源的氢动力火车

我们下次一起来趟火车怀旧之旅。

好啊，找强尼、博士跟宝宝叽一起！

艾咪，我带你去坐全世界最环保的火车——德国阿尔斯通 Coradia iLint 氢动力火车，又称氢铁！

氢动力……你知道氢能源是怎么来的吗？

当然知道啊，氢能源就是电解水来产生氢能，不是吗？

才没这么简单呢，氢铁使用的是氢燃料电池。

你们两个都没说错，让我来仔细地解释一下。氢铁的基本构造与一般火车无异，但是燃料由化石燃料换成氢气。氢铁每节车厢顶部装置大型氢燃料电池，氢气与氧气结合产生电能，随后电能转入车底的锂电池保存，没被使用的能源也可被储存下来，增加能源效率。比起一般以化石燃料驱动的火车，氢与氧燃烧只会产生水，因此能减少许多环境污染，而且氢燃料发动机运行时产生的噪声也小很多。

既然氢动力火车这么好，为什么不全面转换成氢动力火车呢？

这问题问得很好，因为氢燃料电池的技术尚未成熟，能量转换效率不高，作为燃料的纯氢气在制造、压缩和运输的过程中都会消耗能源。此外，氢气是二次能源，一定要通过加工才能产生能量，所以加工消耗的能源反而比产生的能源多，这样不如直接使用一次能源。

这样听起来氢能好像不是很有效率啊。

所以目前氢能只能使用在消耗量较低的城市公交及氢铁上，还无法普及到一般家用车辆。但在目前化石燃料逐渐枯竭的危机之下，氢能源的发展是众多学者认可，能够兼顾发电、运输、环境保护三大前提的完美解决方案。等氢能源的技术更为纯熟，使用的成本远低于核能和火力，那么我们就能够期待使用更为纯净的再生能源了。

哇！好期待那天的到来哦。

现代火车可以既环保又怀旧

嗯，当然是啊！
我在艾咪的心中，就只是个好人，跟这列氢铁一样……
心碎
什么？你说你像氢铁？
就是艾咪说我……
算了，我不想知道艾咪跟你说了什么。

你有没有
听到什么
声音？
没有啊。
咦，你不要转
移话题，你到
底觉得哪一个
更重要？
我……
哎哟，烦
死了！
两个都很
重要！怎
么选啦！
砰！
你们……
躲在里面
干吗？

你到底想怎么样？这么难决定吗？
博士也说过，环保跟怀旧，是个两难的议题……
你刚刚偷听到了吗？
这本来就很难啊！
原来是在说环保跟怀旧……
呵呵呵呵

虽然现在很多蒸汽火车还陷在环保跟怀旧的两难当中，
但其实环保跟怀旧是可以完美结合的。
怎么想都不太可能，到底要怎么结合？
以前的火车本来就比较不环保啊……
其实，澳大利亚做了一个最好的示范，
他们已经发明全球首列全太阳能的火车！
太阳能火车！听起来很先进，可是要怎么跟怀旧结合？
嘿
嘿
这就是厉害的地方了！走，一起去看看吧！

这就是位于澳大利亚
新南威尔斯州，完全
靠太阳能发电的“红
色响尾蛇号”！
好酷！
哇！真的是
复古造型的
列车啊！
是用中古的
柴油列车改
造的！
咻
宝宝叽，你没
事吧，怎么流
那么多汗？
我好想破坏火车！
我快压抑不住我的
冲动了！

够了吧，这招在阿里山不是用过了吗？
看来，
这列火车是用电池和马达取代原本的柴油引擎。
那太阳能呢？哪里用到太阳能了？
你没发现吗，这列火车把太阳能板装在车顶，
再利用太阳能让电池组充电！

其实，我也注意到车顶上有灰灰的一片一片的板子啦！
马后炮！

这列火车所有的系统，
包括电源、照明、控制电路和空气压缩机，
都是靠太阳能电池供电！
光靠太阳能，能供应这么多电力吗？

是啊，现在太阳能的技术非常发达……
其实，从所有的车辆种类来看，
火车是特别适合用太阳能的一种。
火车特别适合太阳能……是因为火车常常照到太阳吗？还是……
凭你这个脑袋，想十年也想不出来。
艾咪说得也算有道理。

因为火车很长，所以可以装置比较多的太阳能板。

你人真好，还帮艾咪说话。

谁像你嘴那么坏！强尼本来就是好人！

发！

好人

可恶，又被发了一张好人卡，我不想集这种卡啊……

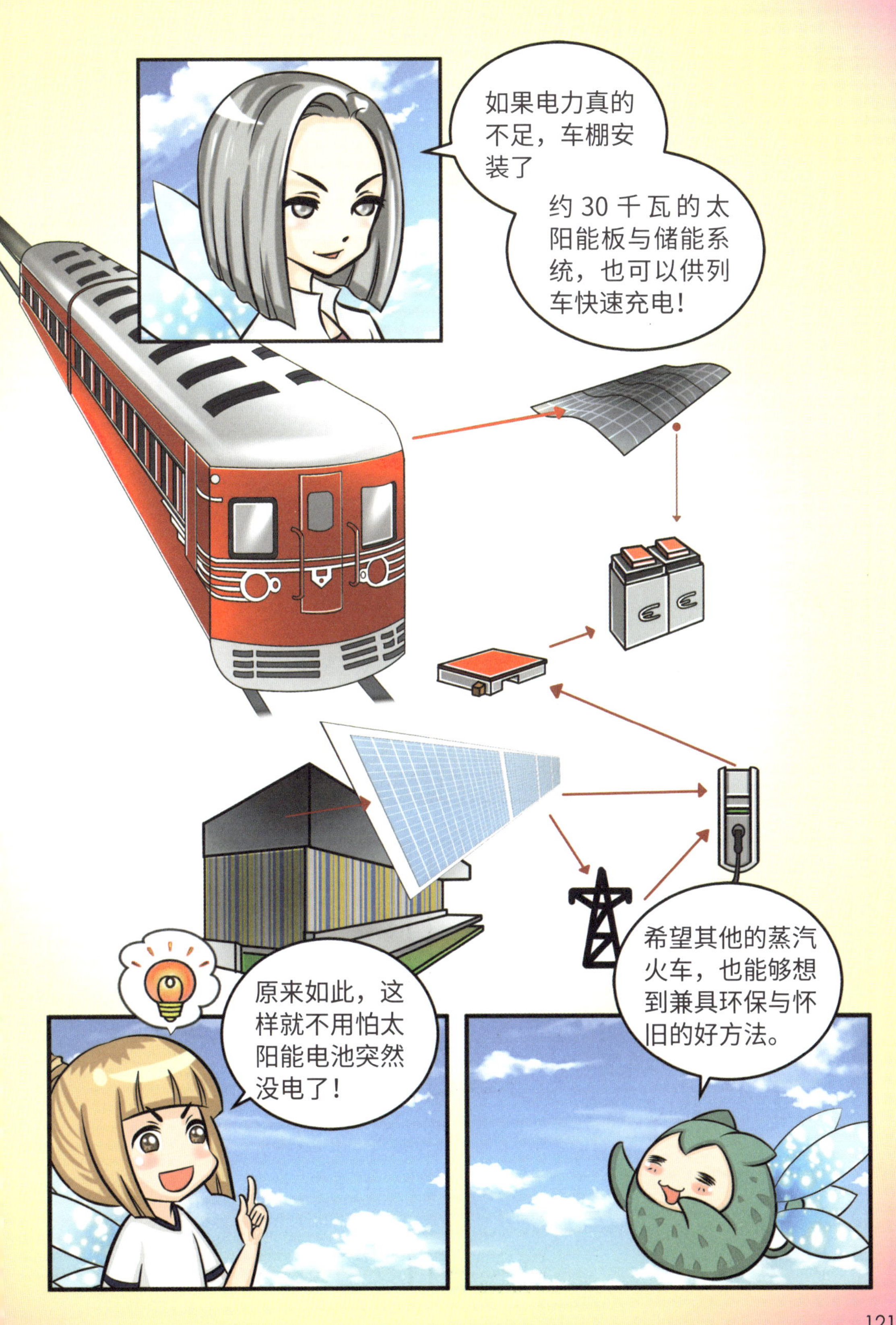
如果电力真的不足，车棚安装了
约30千瓦的太阳能板与储能系统，也可以供列车快速充电！
原来如此，这样就不用怕太阳能电池突然没电了！
希望其他的蒸汽火车，也能够想到兼具环保与怀旧的好方法。

??
我觉得很奇怪，为什么后来总司令的指令就失效了？
你就再也不想破坏火车了？
我……
一定是因为我们感动了宝宝叽，感情战胜了催眠！
应该是吧……
那就好，不然你心里一定很挣扎……
咦，霍华你手机响了！

爸爸
免提
爸，我没忘！
我等一下就回家！
怎么啦？
我差点忘记，要
跟我爸去搭日本
九州七星号。
你刚说什么？你是
说最顶级的卧铺列
车七星号吗？
对！

再生能源火车是全球趋势

澳大利亚的太阳能火车好棒哦，将第二次世界大战的古董火车翻新，简直就是怀旧与环保结合的完美诠释呢！

不只澳大利亚，印度也开通了由太阳能发电驱动的火车，为了减少环境污染，印度铁道部也尽了很大的努力呢。

荷兰也有利用风力发电的火车哦。

你们都越来越厉害了，对火车的知识也越来越丰富啰。强尼说得没错，不过不只这样，荷兰已经于 2017 年成为全球第一个全靠风力发电运行火车的国家。作为再生能源大国，荷兰近年来将发电风车增至 2200 座，还跟比利时、芬兰购买风力产生的电。

看来再生能源火车已经是全球趋势了啊！

因为化石燃料终有枯竭的一天，如今各国正逐步发展再生能源，到了将来，再生能源的发电成本将会低于化石燃料。而且不只荷兰，比利时也已经在2015年推出风力发电火车，另外像挪威、芬兰等北欧国家，也都是首屈一指的节能减碳国家。

北欧国家堪称全球绿色能源先锋，由于得天独厚的优势，再生能源在整个北欧能源中的占比超过六成，包括丹麦、芬兰、挪威，都是风力输出国，尤其丹麦在供电高峰时期，还能将过剩电力外销。北欧国家积极对抗全球变暖，从通勤工具火车、公交车开始改善，也成为全球典范。

不过再生能源目前也有遇到许多困难吧？

对，再生能源为间歇性能源，在无风或是无日照的情况下，绿色能源电厂无法发电，需要以化石燃料或者核能等其他能源来辅助，或是让再生能源电厂搭载储能系统。再生能源中，水力、太阳热能与地热是相对较稳定的绿色能源，但需要依靠地理与天候因素，且太阳热能的成本目前也相对高昂。虽然庞大的储能系统可储存大量电力，但电池成本仍高，难以大规模商业化。

照这么看来，再生能源还有一段路要走呢。

揭开七星号的神秘面纱（上）

你说什么？

咦，你们到底在说什么啊？七星号那么了不起吗？

虽然票价高达几十万日元，但是每年申请搭乘七星号的有好几千人，

抽中的概率，只有百分之四！

这样还不足以说明它的顶级吗？

七星号可是传统匠人技艺与最新工业技术的结合！
是奔驰在轨道上的极品旅馆，也是行走的美术馆！

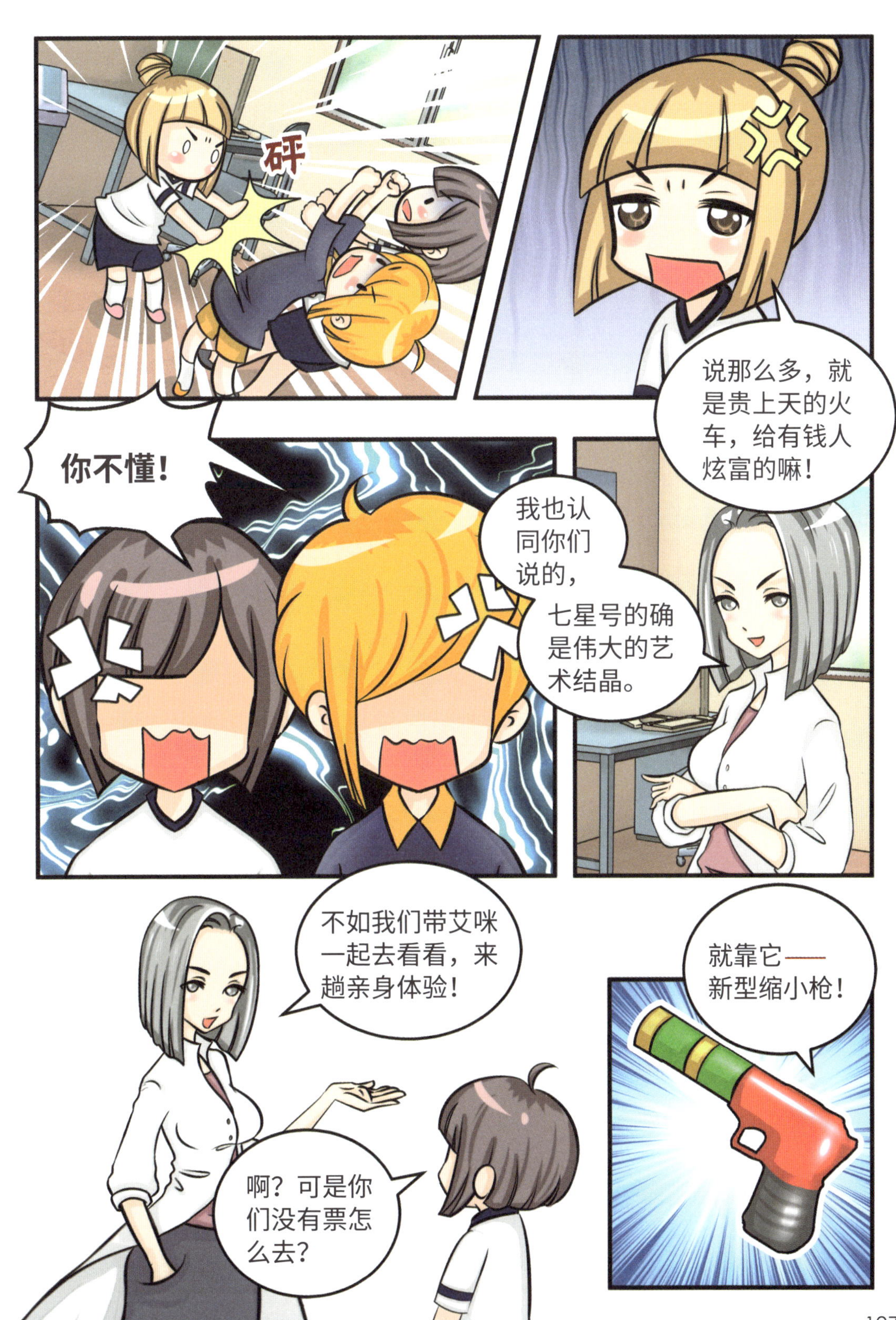
砰
说那么多，就是贵上天的火车，给有钱人炫富的嘛！
你不懂！
我也认同你们说的，
七星号的确是伟大的艺术结晶。
不如我们带艾咪一起去看看，来趟亲身体验！
啊？可是你们没有票怎么去？
就靠它——新型缩小枪！

七星号月台
IYAZAKI KA GOSHIM
SEVENSTARSINKYUSHU
CRUIS TRAIN SEVEN STARS IN KYUSHU
AGA OITA MIYAZAKI KA
SEVEN STARS
ななつ星in九州

终于等到搭上七星号的这一天了！
来搭乘的，果然看起来都不是普通人。
看到了吗？
那酒红色镜面闪闪发光的车厢！
知名列车设计师水户冈锐治特别打造的金色格栅，
是不是散发出强烈的贵族气息？
★水户冈锐治是来自日本冈山县的工业设计师，因为给九州铁路公司设计出多款得奖的列车和车站而在交通产业界享有盛名。

压
痛痛痛！
揉
等你上车以后，就知道这列七星号有多厉害了！

看我变大以后怎么对付你！
哎哟我好怕哦！

MIYAZAKI
你在跟谁说话？

没有！

我在练腹语！

A OITA MIYAZ
快点上车！别拖拉了！
呼——差点就被发现我带艾咪他们来了。
SEVENSTARSINKYUSHU
TRAIN

居然可以把西洋古
典风格与日式传统
技艺做这么完美的
结合！

爸，你知道为什么这里的走廊天花板要做成圆弧形吗？

这是为了减少压迫感……

我去跟认识的朋友打个招呼，你自己逛一逛！

难得我们一
起出来，结
果还是想谈
生意……

咦，你还好吧？
没事啦！

还有我们陪
你啊！
这种时候，你
应该要很庆幸
带我们上车！
最好是！

咦？博士跟宝宝叽怎么都不见了？

博士跟宝宝叽在那边！

やま中

哇！闪闪发亮的寿司！
别偷吃别人的分量！
喂！等一下我的午餐分你一些！
不愧是强调五感都是顶级体验的七星号，在食物上也要做到极致。

为了保持海鲜和醋饭最理想的鲜度与温度，还把名店师傅请到车上现场制作寿司。
虽然车上很颠簸，料理的空间也很狭窄，
但老师傅还是用心捏制最完美的寿司，带给客人舌尖上的享受！
哼！你们就只知道吃！
博士！快点把我们放大吧！
我们这么小，要在这么大的车子里跑，累死了！
唧

日本顶级观光卧铺列车

能够坐到九州七星号列车，我心满意足了……

你们知道九州七星号的命名由来吗？

我知道！它意寓九州的七个县：大分县、宫崎县、福冈县、佐贺县、长崎县、熊本县、鹿儿岛县。

还有九州的七大主要观光特色：自然、美食、温泉、历史文化、能量景点、人情、列车。

而且七星号是由七节车厢所组成的呢。

很好，大家都很用功，不枉我们来这一趟了。那你们知道吗，日本顶级卧铺列车，可不是只有九州七星号哦，还有 2017 年的四季岛号列车……

和最新的黄昏特快瑞风号列车！

霍华真的知道很多呢！

哈哈，其实是这次七星号太好玩了，我就研究了一下日本最顶级的卧铺列车，打算下次要请我爸去抢瑞风号和四季岛号的车票。

黄昏特快瑞风号列车接班了 2015 年停驶的黄昏特快列车，列车命名意为出发日的夕阳和第二天的黎明场景。墨绿色的古典的黄昏特快列车，从 1989 年开始营运，是铁道迷心中的梦幻列车，行驶于气候严峻的日本海沿岸，从大阪到札幌，1500 公里的路程，历经 22 小时，是日本行驶距离最长的卧铺列车。所以瑞风号的运行，在日本铁道迷心中可是具有重大意义的。

那四季岛号呢？

四季岛号则是从东京出发，一路向北行经东日本铁路公司所管辖的铁道路线，浓缩了东京到北海道的壮丽景观与乡间风貌，可一览日本东北地区的四季变化。与七星号类似，一趟列车只服务 34 名乘客。对于每个精致细节的讲究，让乘客感受到无微不至的服务，有如置身在奢华旅馆呢。

九州七星号、东日本四季岛号、西日本黄昏特快瑞风号，都是热爱火车的人们有生之年想搭一次的列车哦！

揭开七星号的神秘面纱（下）
还有这杯
番茄汁，
也是七星号追
求完美极致的
表现！
这是番茄？加
太多水了吧，
颜色好淡！
拜托，这是九
州当地的都农
町农民，
用四到五层
纱布包着原
本鲜红浓稠
的番茄汁，
一点一滴
慢慢滤出
来的。
番茄汁有
必要这样
制作吗？
这……这是
番茄汁吗？

好像全身都沐浴在番茄的甘甜当中……
连番茄汁都很厉害吧！
没错！

哇……

上面的吊灯，是丹麦国宝级品牌灯具。

你再抬头看看！

这里是宴客厅——蓝月亮。

这里是七星号的第一节车厢，也是全车装潢最华丽的车厢！

再看看蓝月亮宴客厅外面，这么典雅细致的窗格！
这是福冈县大川市木下木艺精制的“组子细工”。
“组子”，就是将细小木片以榫接方式组合出繁复花纹的木工技法。
别忘了，最厉害的还是七星号精心打造的客房，每一间的风格都不相同！
每个房间挑选了不同的材料跟装饰，细腻到连每一间的木材都不一样！
使用的顶级木材，包括了樱花木、玫瑰木、枫木、日本橡木！

所以，你今天住的是哪一间呢？
那当然是……
这就是我们今天要住的——顶级头等舱！
这么大一片窗户！这么美的风景！
怎么样，你还是觉得七星号没什么了不起吗？
我……
可是再怎么说，花几十万日元坐火车，真的是太贵了！

那是你还没有看到七星号上最伟大的艺术……
怎么样，享受够了吗？
再给你们几秒钟！
你怎么知道我们在这里？
那当然，要报复，就要选在最重要的时候。
我就一直在想，你什么时候会找来。
你们看看宝宝叽的手机！
咦！
宝宝叽，是你故意泄密吗？
什么？宝宝叽的手机一直在通话中！

不是！我真的不知道！
宝宝叽……
你的手机网络有套餐吗？这样要花多少钱你知道吗？
宝宝叽没有说谎，它没有背叛你们，
看它的手就知道了！
这不是重点吧！
你们一直都没发现吗？
为什么你的手上都是伤？
那是因为它拼命压抑想破坏火车的冲动！
用意志力克服我催眠的指令！

你这个笨蛋！居然一直默默承受这一切！
宝BB！你够了！你为什么一定要破坏地球人的火车？
如果要报复，就针对我一个人吧！
总司令，冲着我来吧！
不！要对付宝宝叽就先对付我！
还有我！
还有我！
你们地球人的情操好感人哪！
可惜对我没有用！
我一直想问你，我跟你之间的事已经过去很久了，
为什么你等了那么多年，到现在才报复？
日子不多了……

我要把握最后的机会，
毁掉让你幸福快乐的一切！
你说日子不多了，是怎么一回事？

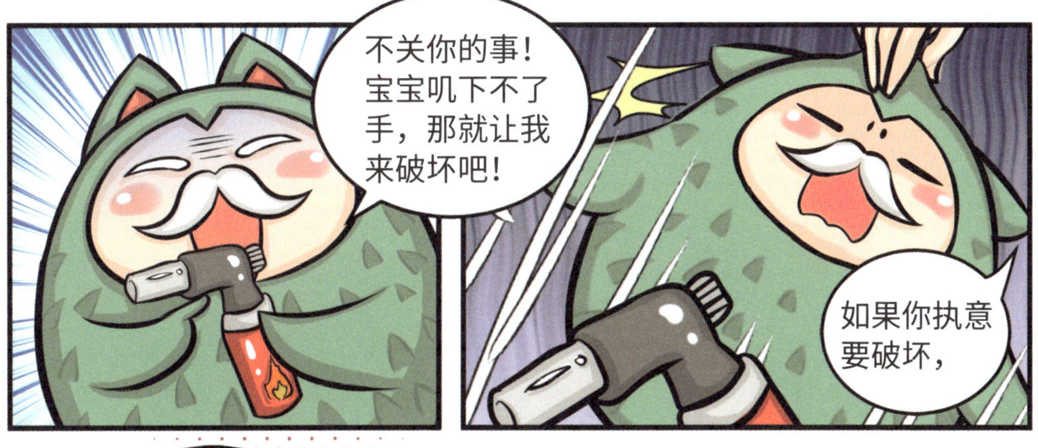
不关你的事！宝宝叽下不了手，那就让我来破坏吧！
如果你执意要破坏，

也请你先看完七星号最精华的部分再动手吧！
带我来厕所干吗？难不成这就是精华？

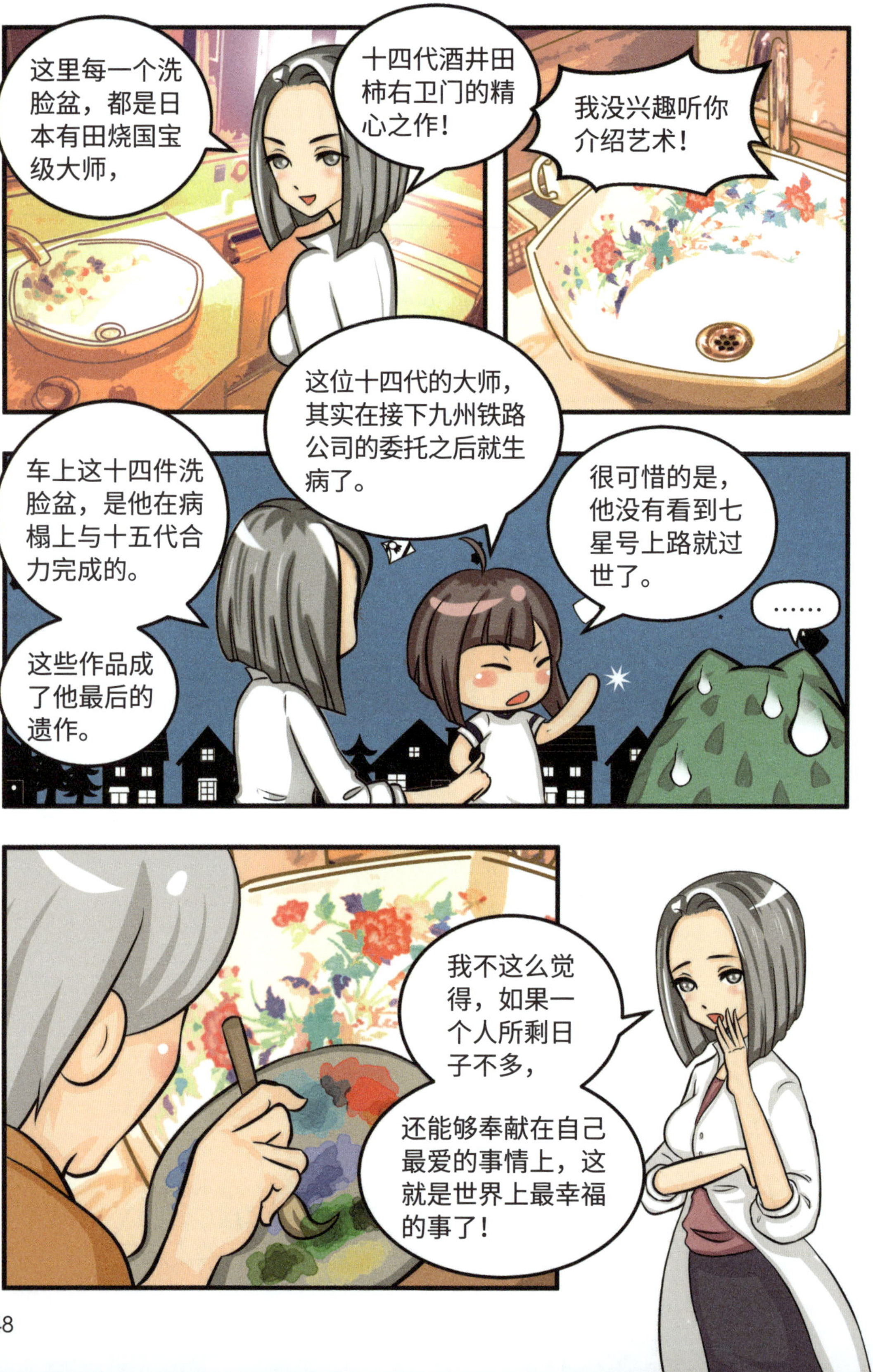

这里每一个洗脸盆，都是日本有田烧国宝级大师，

十四代酒井田柿右卫门的精心之作！

我没兴趣听你介绍艺术！

这位十四代的大师，其实在接下九州铁路公司的委托之后就生病了。

车上这十四件洗脸盆，是他在病榻上与十五代合力完成的。

这些作品成了他最后的遗作。

很可惜的是，他没有看到七星号上路就过世了。

……

除了洗脸盆之外，
十四代的大师还有
几件小型的作品被
挂在墙上展示。

这个蜂巢，大师本
来想要放在七星号
的天花板上，因为
他想到，
如果乘客突然抬
头看见天花板有
蜂巢，那不是很
有趣吗？

总司令，我觉得
与其在所剩不多
的日子里毁灭别
人的幸福，
那还不如创
造自己的幸
福吧！
只不过，他最后
因病没办法实践
这个想法，
只能把这个
作品挂在墙
上展示。

没想到洗去你的记忆一点用都没有，你跟地球人相处的这段时间，
又创造了许多新的记忆，你再一次被他们影响了！
我年少的时候心高气傲，如果还有机会，
我希望能和贵星球做科技上的交流。
我只想问你一句，你拒绝我，是不是因为你心里有其他人？
我确实心有所属。
我想知道那个人是谁？
是……
火车科技！

好像不太意外。
我愿意回去接受惩罚，只要你不再继续进行报复！
其实，我也应该早就知道这个答案。
谁有那个时间惩罚你？我等会儿就要回去交接，准备退休了！
就是要从总司令的职位上退休啊！
等等，你刚刚说日子不多了，是指……
……
……
……
……
不早说！

水户冈锐治先生，这是我儿子。
霍华，这位是七星号的设计师……
这真的是史上最杰出的火车艺术！
是他！
我们刚刚上车的时候居然没认出来！
水户冈锐治先生，我没想到有机会亲眼见到你！
这一趟，是庆祝你上中学的礼物。
爸！我忘了七星号规定，要中学以上才能搭乘！
嗯，霍华的爸爸真的不是来谈生意，是要给霍华一个惊喜。

我很欣赏您说过的一句话。您说，尽管人类的科学技术不断进步，
但能够被永恒流传的，还是古典的情怀。
我想在七星号上创造的，
除了展现各种匠人的用心之作，为乘客提供五感的顶级享受，
还有欣赏移动的九州美景。
而当中更重要的，是人与人之间新的感动。
太棒了，这真的是地球上最美的风景！
就这样，总司令放弃了复仇计划，
而我也和爸爸一起度过了我人生中最棒的火车旅程。
下一次，火车会带着我们去哪里呢？
火车又有哪些新发展呢？我很期待未来的每一次火车之旅！

全世界最著名的火车——东方快车

你们知道全世界最著名的火车是哪一列吗?

不是九州七星号吗?

九州七星号是最奢华的，但是最经典、最著名的当属东方快车了。

就是《东方快车谋杀案》里的东方快车吗?

那是我最喜欢的小说，是英国推理小说作家阿加莎·克里斯蒂的经典作品!

没错，今天的主角就是在推理经典作品中留名的东方快车。东方快车是欧洲的长程列车，也是早期的豪华卧铺列车，从巴黎行驶至伊斯坦布尔，横贯欧洲大陆。东方快车最初是指通往东方（近东、土耳其）的国际列车，但后来在各种通俗文学中，均用来比喻热情的异国旅行或豪华旅行，如阿加莎·克里斯蒂的《东方快车谋杀案》及改编电影。

历经了第一、二次世界大战的停驶又复驶后，1962 年，原来的东方快车停止行驶，但仍有其他同名列车继续行驶。2009 年，金融海啸席卷全球，豪华列车东方快车也成了金融海啸的受害者，因而于该年退休。

目前威尼斯—辛普伦东方快车（Venice Simplon Orient Express）是唯一保留下来的东方快车。它是旧式火车爱好者詹姆斯·舍伍德在拍卖会上拍到的两节东方快车车厢，从此开始了他的东方快车“复活”计划。事实上，这两节车厢的来头可不小，正是 1974 年电影《东方快车谋杀案》拍摄的地方。舍伍德锲而不舍地寻找这些分散在世界各地早已废弃的车厢，谨慎地进行修复工作，最后终于恢复了东方快车原来的漂亮外观。后来他又和八个国家进行商谈，让东方快车最终得以投入营运，重生后的东方快车更被誉为长达 1500 米的移动古董。

这位火车迷不顾一切地让他所热爱的东方快车恢复了当年光辉，真是好美的故事哦！

希望热爱火车的你们，也能成为守护火车的接班人，这才是我们火车旅行最重要的目的！

连连看

小侦探们，把列车和名字连起来吧！

本书介绍了好多列车，你是否可以根据图片里的线索，把列车和名字连起来呢？

红色响尾蛇号　　九州七星号列车　　CK101 蒸汽火车

氢铁

星际电车

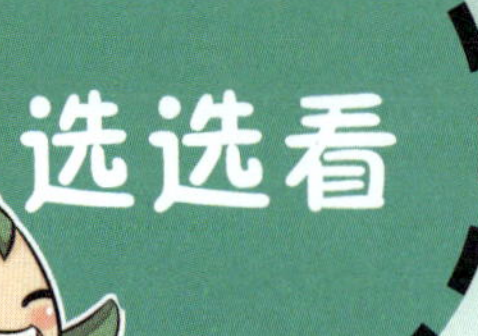

小侦探们，请选择各种列车的正确驱动方式哦！

本书介绍了好多列车，你能够分辨各种列车的驱动方式吗？将它们选到正确的空格吧！

代号	驱动方式
1.	磁浮
2.	氢动力
3.	磁浮+真空管轨道
4.	蒸汽
5.	电气化铁路
6.	太阳能

解答 A.(5)、B.(4)、C.(6)、D.(2)、E.(1)、F.(3)

A. 地铁

(　　)

B. CK101蒸汽火车

(　　)

C. 红色响尾蛇号

(　　)

D. 氢铁

(　　)

E. 磁浮列车

(　　)

F. 星际电车

(　　)

著作权合同登记号　图字01-2024-4071

本著作物原名：世界火车快乐行：给小学生的第一本火车科普书3
本著作物作者名：赖怡君 绘者名：米奇奇

图书在版编目（ＣＩＰ）数据

世界火车快乐行 / 赖怡君著 ; 米奇奇绘. -- 北京 : 人民文学出版社, 2025. -- (漫画火车小百科).
ISBN 978-7-02-019209-0
Ⅰ. U292.9-49
中国国家版本馆CIP数据核字第2025QY1147号

责任编辑　卜艳冰　吕昱雯
装帧设计　李苗苗　朱晓吟

出版发行　人民文学出版社
社　　址　北京市朝内大街166号
邮政编码　100705

印　　制　安徽新华印刷股份有限公司
经　　销　全国新华书店等

字　　数　30千字
开　　本　700毫米×1000毫米　1/16
印　　张　10.75
版　　次　2025年5月北京第１版
印　　次　2025年5月第１次印刷
书　　号　978-7-02-019209-0
定　　价　59.00 元

如有印装质量问题，请与本社图书销售中心调换。电话：010-65233595